Monika Lange

Nació en 1968 en Duisburg, Alemania. Es bióloga. Durante dos años ha escrito guiones para documentales destinados a escolares, y desde 1997 escribe libros de divulgación para niños. Desde 1998 vive en Seattle, EEUU.

Steffen Walentowitz

Nació en 1962 en Jever, Alemania, muy cerca del mar. Desde 1986 trabaja como ilustrador de libros, especialmente de animales. Sus cuadros han sido expuestos en Alemania, Holanda, Inglaterra, Israel, Canadá y Estados Unidos.

Mis Libros de Animales, de Monika Lange
¿Puedes verme? Los animales que se camuflan
con ilustraciones de Steffen Walentowitz
¿Quién ha pasado por aquí? Las huellas y los rastros de los animales
con ilustraciones de Christine Faltermayr
Donde viven las focas. Los animales marinos
con ilustraciones de Udo Kruse-Schulz

Monika Lange (texto)
Steffen Walentowitz (ilustraciones)
Título original: Bald Wird Es Kalt
© Patmos Verlag GmbH & Co. KG, Düsseldorf, 2002, 2007
© de la edición castellana:
  EDITORIAL JUVENTUD, S. A., 2008
  Provença, 101 - 08029 Barcelona
  info@editorialjuventud.es
  www.editorialjuventud.es
Traducción de Maria Antònia Torras
Primera edición, 2008
ISBN 978-84-3709-8
Núm. de edición de E. J.: 12.064

Printed in Austria

Monika Lange | Steffen Walentowitz

¡Pronto llegará el invierno!

Los animales en invierno

 Editorial
Juventud

Verano e invierno

En verano todo resulta muy fácil.
Hace calor; nosotros comemos helados y los animales
disponen de una gran cantidad de deliciosa comida:
gusanos, plantas y frutas.

En invierno, las personas hacen muñecos de nieve y se visten con gorros calientes que les cubren hasta las orejas. Pero ¿qué hacen los pájaros y las ardillas cuando hace frío? ¿Dónde se esconden las mariposas y las hormigas? ¿Cómo sobreviven los ratones y los zorros sin calefacción? Y las cigüeñas ¿se ponen calcetines?

Durante el otoño se almacena para el invierno

Tras el verano, los avellanos están repletos de avellanas y en el bosque es muy fácil encontrar hayucos y bellotas. Todo cruje y crepita en los arbustos y árboles, porque ha llegado el momento en que las ardillas y arrendajos recogen sus reservas de alimento para el invierno.

La **ardilla** entierra sus avellanas en el suelo como si de un tesoro se tratara. Cuando empiece a hacer frío, sólo saldrá de su esférico nido para buscar un poco de comida. Entonces, sin ningún tipo de mapa del tesoro, la ardilla tendrá que volver a encontrar sus avellanas.

Éste es el aspecto de una avellana cuando la ha mordido una ardilla.

¡Cuantas más bellotas almacene el arrendajo en otoño, menos hambre pasará durante el invierno! ¿Quieres ayudarle a buscar? ¿Cuántas bellotas has encontrado?

Las aves migratorias parten de viaje en otoño

¡Pronto llegará el momento! Las golondrinas no esperan a que llegue el frío invierno. Les gusta más volar cuando hace calor.

Revolotear, planear, tomar curvas; las **golondrinas** son unos pilotos expertos en cazar moscas y mosquitos en el aire. Pero aquí sólo tenemos moscas y mosquitos en verano. Por este motivo, cada año las golondrinas migran hacia la cálida África.

Esta **golondrina común** ha salido del huevo hace unas semanas. Ahora ya es grande y fuerte y puede volar tan bien como sus padres. Y es que así debe ser, porque muy pronto partirá con ellos en un viaje increíblemente largo.

Ahora mismo el arrendajo acaba de enterrar una bellota ¡entre la hierba!

Las golondrinas no parten solas en este largo viaje. En septiembre y octubre se encuentran con otras bandadas y juntas vuelan hacia África.

5 ¿Qué está recogiendo el **arrendajo**? ¡Bellotas, claro!
Este pájaro es capaz de tragarse hasta seis, y cuando
encuentra un buen escondrijo las vuelve a escupir.
Después, entierra las bellotas o bien las esconde a
picotazos en las hendiduras de la corteza de los árboles.

¡Aquí puedes encontrar siete bellotas!

Las golondrinas tienen que volar durante varias semanas para llegar al sur de África. Sin duda, se trata de un viaje terriblemente agotador y peligroso.

La golondrina ha conseguido llegar sana y salva a África. Ahora persigue a deliciosos mosquitos y moscas africanos. ¿Conoces el animal sobre el que está volando?

La **cigüeña** es un ave migratoria. Pasa las vacaciones de invierno en África, como las golondrinas.

Cigüeña común

Gorrión

En invierno, el **gorrión** se queda aquí, no es un ave migratoria. Cuando nieva, le encanta visitar los comederos para pájaros.

¿Cuál de las dos
es un ave migratoria?
¿El gorrión o la cigüeña?
¡Mira debajo de la solapa!

Los animales se visten con un caliente pelaje de invierno

Las ardillas han escondido avellanas, las aves migratorias se han ido. Ahora, los animales que se quedan aquí en invierno, tienen que abrigarse bien. Y como ellos no tienen abrigos, les crece un espeso pelaje de invierno.

El **corzo** se ha atrevido a salir del bosque y come hierba. La piel del corzo en verano es de color rojizo.

En invierno, la piel del **corzo** es de color gris pardusco. Su pelo largo y tieso le protege de la lluvia y de la nieve. Debajo de este pelaje, tiene otro, con pelos suaves, que le protege del frío.

En invierno, la piel del **armiño** es totalmente blanca. Así pasa desapercibido sobre la nieve.

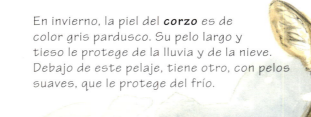

Jabalí en verano

Los pájaros no tienen plumas extragruesas para el invierno, sino que se protegen de otra manera: cuando un pájaro tiene frío, eriza sus plumas. Las plumas ahuecadas le dan calor como si llevara un grueso abrigo.

Cuando las personas tenemos frío, se nos pone la carne de gallina. El vello de nuestra piel se eriza como las plumas del pájaro. A nosotros no nos protege del frío porque el vello es demasiado fino y escaso.

En otoño, la piel oscura e hirsuta del **jabalí** se vuelve más gruesa y dura. Así no pasa frío en el helado bosque donde vive.

Jabalí en invierno

Cuando el **petirrojo** eriza sus plumas parece una pelota de bádminton.

A las marmotas les da igual que sea invierno

¿Te gusta mucho dormir? Entonces, quizá deberías irte a vivir con las marmotas.

Esta familia de **marmotas** vive en un prado de la montaña. Aquí, durante el invierno cae tanta nieve, que si las marmotas no se escondieran quedarían enterradas hasta las orejas, incluso si se sostuvieran sobre las patas traseras. Además, tampoco encontrarían nada para comer. Por eso pasan el invierno durmiendo.

Las marmotas viven en madrigueras con galerías y cámaras. Las cubren con heno; así resultan más calientes y cómodas.

¡Aquí podemos ver a una marmota bien rolliza! La grasa la necesita para hibernar, ya que durante este tiempo no podrá comer nada.

La familia de marmotas ha cerrado las entradas a la madriguera. ¡Ahora dormirán durante cinco meses enteros! Nada podrá despertarlas hasta que llegue la primavera.

¡No debes molestar
a los animales cuando están
hibernando, ya que podrías incluso
causarles la muerte!

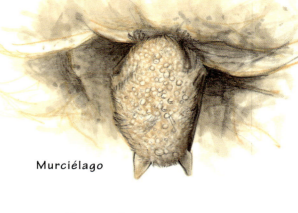

Murciélago

El **murciélago** hiberna en una
cueva. Se sujeta con los pies
en el techo y se envuelve
con sus alas. Su corazón
también late muy despacio y
si intentaras tocarlo, entonces
podrías percibir que está frío.

Ratón doméstico

El **ratón doméstico** no hiberna.
Durante el invierno, se traslada a
las casas y graneros. Allí está
caliente, y los ratones más hábiles
incluso encuentran algo para
comer. ¡Aunque a las personas
esto no les gusta ni pizca!

Ahora el corazón de las
marmotas late muy despacio,
dos o tres veces por minuto.
Aspiran aire cuatro veces por
minuto. ¿Con qué frecuencia
late tu corazón?

El erizo sí que hiberna,
y se despierta cuando el
sol calienta la tierra de
nuevo. Hasta entonces,
duerme hecho un ovillo
en su nido de follaje.

Erizo

Hibernar en la osera

Durante el otoño, la osa ha comido mucho para engordar y estar bien rolliza. Bayas, frutos y raíces, pescado y pequeños animales, todo le gusta. Ahora hace frío y busca una cueva donde refugiarse.

En la osera, la **osa** dormirá mientras haga frío. Semanas e incluso meses. Su pelaje le da calor.

¿Sabes qué otros animales hibernan?

Arándanos

Arándanos rojos

Los osos no duermen tan profundamente como las marmotas. Aunque sólo se despiertan si se les molesta.

Cuando todavía era verano, la osa encontró a un papá oso. Por eso, durante el invierno, ha dado a luz a dos oseznos en su cueva. ¡Un osezno al nacer no es mayor que un conejillo de Indias! Ahora juegan todos juntos en la entrada de la osera. La osa ha adelgazado mucho. ¡Y tiene un hambre atroz!

Ateridos de frío

¿Cómo está tu piel cuando la tocas? ¿Está caliente? Los cuerpos de las personas, osos, pájaros, ardillas, gatos o perros siempre están calientes. Para que se mantengan así, algunos animales tienen piel o plumas. Los lagartos, caracoles o peces sólo tienen la piel caliente cuando en el exterior también hace calor.

**Ésta es la osera.
Esconde una sorpresa,
pero habrá que esperar
hasta la primavera.
¡Mira debajo de la solapa!**

Cuando en el exterior el tiempo es desapacible y frío, el **lagarto** se queda paralizado. Éste se ha refugiado en una madriguera de ratones y allí espera a que llegue la primavera.

Durante el invierno, ya no hay moscas para las **ranas**. Las ranas pasan el invierno enterradas en el lodo del estanque y permanecen completamente inmóviles a causa del frío. ¡Sólo respiran por la piel!

El **caracol de viñedo** también ha procurado encontrar un lugar seguro en la hendidura de un muro. Ha cerrado bien su concha con una cubierta.

La **perca** sobrevive en invierno porque el lago no es un gran cubo de hielo donde los pobres peces quedan atrapados. Un lago grande se hiela en la superficie, pero debajo del hielo queda una gran cantidad de agua en la que los peces pueden vivir.

¿No se le hielan los pies a este **pato**? Claro que sí, pero los patos siempre tienen los pies fríos ¡y no les importa lo más mínimo!

¡A la **nutria** le encantaría atrapar alguna perca!

¿Cómo crees que sobrevive
la perca de río cuando
se hiela el estanque?
¡Mira debajo de la solapa!

Los insectos en invierno

En verano no paraban de zumbar alrededor de tu limonada.
Podías ver las avispas, las abejas y las mariposas en todas
las flores. Pero ¿dónde se esconden durante el invierno?

Las **abejas** han trabajado
mucho durante el verano. Los
panales están llenos de miel.
Ahora hace frío y las abejas se
han recogido en la colmena.
Para entrar en calor mueven las
alas produciendo un leve
zumbido.

Estos pequeños bultitos
son **huevos de saltamontes**.
Espera a que llegue de
nuevo el calor, porque
entonces los nuevos
saltamontes saldrán
del huevo y empezarán
a dar saltos.

Cuando las hojas todavía eran de
color verde, la oruga de la **mariposa
podalirio**, también llamada chupaleche,
ha aprovechado para comer sin parar
hasta que se ha transformado en una
crisálida. Así pasará los meses fríos.
Después, cuando llegue la primavera,
de la crisálida saldrá una mariposa.

La **mariposa limonera** ha cerrado sus alas amarillas, cuya parte inferior es muy similar a una hoja seca. En esta posición pasará todo el invierno sin moverse.

La reina de los **avispones** pasa el invierno en la hendidura de un tronco.

Nido principal

Nido de invierno

¡Sí! Pero no sólo las **hormigas** se han refugiado en su hormiguero. ¡También se han llevado a sus animales domésticos, los **pulgones**! Hibernan juntos durmiendo en el fondo del hormiguero, ya que allí es donde se está más caliente.

En verano, las hormigas depositarán de nuevo los pulgones sobre una planta. Los pulgones chupan el néctar de las plantas, y las hormigas se alimentan de las dulces gotas que se desprenden de la parte posterior de los pulgones.

En busca de comida durante el invierno

¿Cómo encuentran los animales su comida durante el invierno?

Los **jabalíes** hurgan al pie de los robles. Un par de bellotas serían suficientes para calmar el hambre.

La **cierva** tiene que recorrer el nevado bosque. Cuando ya no encuentra ninguna planta, come corteza de árbol.

No se ve ninguna hormiga en la nieve. ¿Será que están todas en el hormiguero?

El **zorro** es capaz de oír y oliscar los ratones cuando éstos pasan por los túneles que se han hecho en la nieve.

El **reyezuelo** se alimenta
de insectos diminutos
que encuentra en las
hendiduras de las
cortezas de los árboles.

El **ratón** excava largos túneles
en la nieve y busca semillas
o roe las cortezas de los árboles.

Este montón de tierra es el refugio de un
topo, una topera. Debajo de esta colina,
el **topo** ha excavado largos túneles.

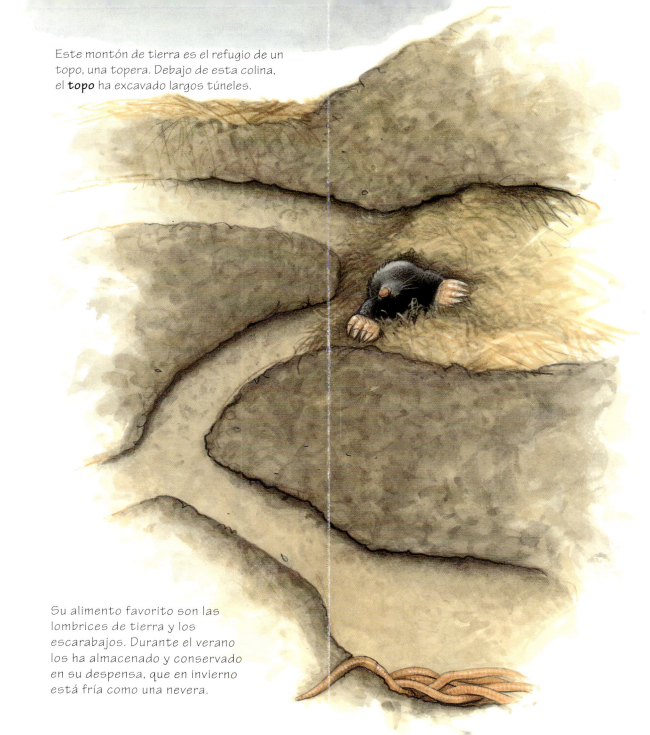

Su alimento favorito son las
lombrices de tierra y los
escarabajos. Durante el verano
los ha almacenado y conservado
en su despensa, que en invierno
está fría como una nevera.

¿Es posible que se trate
de un hormiguero en la nieve?

Para todos los animales, el hecho de
tener que sobrevivir durante el frío
invierno resulta terriblemente duro.
¡No los molestéis!

El jardín de invierno

¿Quieres ayudar a los animales a pasar el invierno? Los montones
de hojas y piedrecillas, los arbustos con bayas, las cajas para
murciélagos y las flores del año anterior ayudan a los animales
a soportar el viento y el mal tiempo.

**Comida para
pájaros**

Cacahuetes colgados de un hilo

**Maceta colgada
del revés con
sebo para
pájaros**

Durante el verano, aquí florecieron
algunas flores. Ahora, en los tallos
secos, los escarabajos y arañas se
protegen del frío, y las semillas de las
flores sirven de alimento para los
pájaros.

Los montones
de ramas y follaje son
el mejor refugio para
erizos y ratones.

Mezcla de alimentos

Reyezuelo

Cuelga el comedero de los pájaros de tal manera que no pueda llegar ningún gato.

Pico picapinos

Herrerillo

Verderón común

El **carbonero común** es muy astuto. ¡Es capaz de abrir una caja de cerillas si nota que dentro hay algo rico!

Cuando en el exterior hay nieve y hielo, los pájaros agradecen una ración extra de alimento. Cuida bien a tus pájaros invitados: los comederos deben limpiarse cada día, de lo contrario los pájaros podrían enfermar.

Huéspedes de invierno

No sólo a las personas les gusta estar en casas calientes durante el invierno.
Muchos animales se introducen en nuestras viviendas, sótanos, garajes
y desvanes sin que nos demos cuenta.

La **mariquita** se
ha colocado en una
ranura del marco de la
ventana. Pero aquí el
ambiente es demasiado
seco para ella.
Mejor llévala al garaje
o al sótano.

En las casas viejas, muchas veces las
martas y **lechuzas** se instalan en el desván.

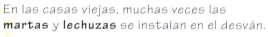

Durante el otoño, las **arañas** han recorrido toda la casa en busca de un buen escondrijo para pasar el invierno. Ahora ya se han escondido en alguna esquina o rincón.

La **crisopa** de dorados ojos busca un lugar donde no la molesten.

El **ratón** se ha construido un nido en una caja de cartón.

¡De nuevo llega la primavera!

La nieve ya se ha fundido. El sol calienta de nuevo,
los crocus y los narcisos empiezan a florecer,
el aire que se respira es templado y los arbustos
empiezan a brotar.

Las **abejas** zumban
alrededor de su
colmena. Limpian sus
panales y recogen el
delicioso polen de las
flores de sauce.

La **mariposa limonera** y la **ortiguera**
son las primeras mariposas que revolotean
sobre las flores de primavera.

En primavera podrás observar unos
abejorros muy grandes: son las reinas,
que se acaban de despertar.

El **mosquitero común** canta
«huit huit huit huit». Es un ave
migratoria.

Los **gamos** acaban de nacer.

En primavera, las **liebres**
corretean por el campo. En esta
imagen, podemos ver a una
liebre macho y una liebre
hembra peleándose.